CORAZÓN DE LEÓN
CORAZÓN DE POETA

Título:

Corazón de León, Corazón de Poeta

Autor:

Belisario J. Baltazar

Edición de Portada:

Gerardo Vázquez (diseño gráfico)

Copyright

© 2019 por Belisario J. Baltazar

Publicado por:

Belisario J. Baltazar, 2019

Lincoln, Nebraska 68508

Estados Unidos

www.belisariobaltazar.com

ISBN: 978—1—7339389—3—8

INDICE

INTRODUCCIÓN

¿Qué es poesía? Me preguntaron hace algún tiempo, "yo empecé a escribir versos y traté de hacer que éstos rimaran, poco a poco se fueron convirtiendo en poesía, poesía que salía, que nacía desde lo más profundo de mi corazón," eran las palabras que utilizaba para describir aquellas oraciones, frases y palabras que hacían lo que él llamaba inspiración.

Corazón de León, Corazón de Poeta, es la colección de la gran mayoría de los poemas, dignos de un lugar entre los grandes libros de poesía.

Desde el año dos mil diez, Belisario J. Baltazar, empezó a escribir poesía. Ésto fue debido a la inspiración que surgió en él, por el amor hacia la naturaleza, su lugar de origen: Nueva Esperanza, Tejutla, San Marcos. Todos los bellos paisajes, junto con la hermosura de las mujeres, nativas de ese bello lugar, fueron parte importante para el desarrollo de un poeta que estaba naciendo.

Su madre Arminda Barrios, fue de gran influencia para él. Ella fue la que le enseñó un poema en su primer año cuando entró a la escuela de primaria. Poema con el cual Belisario Baltazar se dio a conocer como un niño al que le gustaría declamar poesía en las actividades que realizaba la escuela durante el ciclo escolar.

A pesar de ser pobres, ella y su esposo Rodrigo Baltazar, querían lo mejor para él. Por tal razón, lo enviaron a Estudiar a un Colegio Privado en la ciudad de Quetzaltenango. Para eso, su padre tuvo que emigrar a Estados Unidos y así poder cumplir ese sueño que él había anhelado tanto para su hijo.

Escribir poesía es la única manera de dar a conocer lo que hay dentro de su corazón. De esa manera es como él expresa el sentimiento y las cosas que hay dentro de un alma enamorada o para desahogarse, desahogar el río de palabras que se acumulan dentro de su pecho.

Espero que disfruten al máximo todos los poemas en ésta obra literaria, desde lo más profundo de mis sentimientos y desde lo más profundo de mi corazón, lugar donde nació ésta inspiración.

Con cariño y aprecio,

BelitoB

9

A QUIEN LE CUENTO

¿A quién le cuento éste sentimiento?
Es el amor que creció en mi corazón.
Despierto y en mi almohada me lamento,
porque no escuchas mi canción.

¿A quién le cuento lo que siento?
Si mi voz se quebranta en las mañanas,
Lamento y lloro aquel momento,
cuando te olvidaré entre las montañas.

¿A quién dirijo mi mirada enamorada?
Es una mirada tierna y soñadora,
le confieso a mi almohada,
que mi corazón te ama y te añora.

¿A quién le cuento lo que se lleva el viento?
Aunque muchas veces me arrepiento,
no encuentro a quien decirle del momento,
cuando me enamoré de verdad y creció este sentimiento.

¿A quien le cuento de mis amores?
Quizá te llevan o te mandan flores,
quizás te pintan las flores de colores
o tal vez te aman con tus defectos
y con tus errores.

MI FELICIDAD

Te he buscado en el cielo;
Te he buscado en las nubes;
Te he buscado en el hielo;
¿Quisiera saber por qué del suelo no subes?

Te busqué debajo de mi almohada,
en mis conquistas pasadas.
Te busqué bajo la lluvia,
en las gotas de amor y de agua turbia.

Te busqué en las sonrisas falsas,
y en las lágrimas sinceras.
En el océano azul,
y en la oscuridad de las noches pasajeras.

Te busqué tan cerca, tan lejos.
Te busqué en aceras y espejos.
Te busqué en el reflejo de la luna,
entre la pobreza y la fortuna.

Te busqué entre las sombras,
en la claridad y las penumbras.
Te busqué a la orilla del río,
entre las arenas y en el frío.

Te busqué en los desiertos,
Te busqué en mis sueños despiertos.
Te busqué en donde no estabas,
pero nunca te busqué en mi corazón.
Era allí donde habitabas,
mi felicidad

ERES POESÍA EN MIS NOCHES DE INSPIRACIÓN

Hoy vine a verte amada mía,
vengo a traerte mi poesía,
que éste poeta y su melancolía,
por ti el cielo cruzaría.

Soy el poeta preso de tus ojos,
aquel que se perdió en tu mirada risueña;
aquel que sueña con tus labios rojos
y sabe que de su alma eres dueña.

Eres poesía en mis noches de inspiración,
porque no eres fantasía,
eres la dueña de mi corazón.

Te llevaré rosas a tu almohada,
quetzalteca de mi corazón,
y si un día estás enojada,
te cantaré una canción.

Llegué desde las altas montañas,
aquellas que están en Guatemala.
Llegué desde aquellas cabañas,
donde al cielo mi corazón señala.

Contigo celebro al amor
por las noches y mañanas.
Contigo no hay dolor
y de vivir con más fuerzas tengo ganas.

¡Oh! Lirio de los valles,
caminando por las calles te encontré,
de ti yo me enamoré,
sanaste mis heridas y así fue como te amé.

EL FIN DEL CAMINO

Altas las milpas crecieron,
los bosques grandes fueron,
bajo la lluvia felices se sintieron,
pero terminando el invierno se rindieron.

Todo en la tierra era maravilla
los árboles daban frutos y semillas,
pero el hombre hizo villas
y así fue como terminaban con sus vida.

Eran los bosques más grandes que existieron,
árboles que llegaban hasta el cielo.
No se sabe si fue por el hielo,
pero poco a poco ellos desaparecieron.

Los hombres nunca los cuidaron,
ellos siempre los cortaron,
aunque hubieron algunos, que sembraron;
se acabaron y ahora ellos sufren el verano.

Así fue como los ríos se secaron,
desastres fueron lo único que ganaron
cuando los árboles cortaron,
porque las selvas nunca retoñaron.

Desiertos fue lo que cultivaron,
con los árboles que talaron.
Sus hijos sequías esperaron
y así el mundo se desvanecía entre sus manos.

Días de gloria fueron aquellos,
donde los hombres fueron millonarios,
pero nunca cuidaron los bosques más bellos
y al final no quedó ninguno de ellos.

Ese fue el fin del camino,
y al final no quedó ni un solo pino.
La lluvia dulce ya no vino
y así fue como los hombres sellaron su destino.

HERMOSAS FLORES

¿Que es lo que veo al caminar?
Son rosas, claveles, hortensias y begonias;
alguna quizá me atreva a cortar,
pero mi abuela Antonia me puede regañar.

Hermosas flores
adornan tus encantos,
amapolas en el campo,
rosas rojas en los corredores.

Hermosas flores,
no me atrevo ni a tocar,
blancas como tus amores,
no las puedo ni olvidar.

Hermosas flores,
eres más bella
que las rosas y los girasoles,
de la mañana, hermosa estrella.

Hermosas flores,
¿Quien es digno de cortar?
te pido que no llores,
y contigo ésta noche, déjame quedar.

SOY EL INMIGRANTE

Soy el inmigrante aquel
quien grita cansado,
con la mirada triste y ojos llorosos;
aquel del que saben que existe,
pero en realidad no existe.

No soy un ladrón,
no soy traficante.
Soy un soñador,
soy un inmigrante.

Soy quien trae sueños rotos
y un montón de cicatrices.
Soy quien besa el suelo
y recuerda sus raíces.

Soy el maestro y soy el principiante,
Quien comia frijol, tortillas y picante.
Soy un inmigrante;
no soy un delincuente,
ni tampoco un traficante.

Soy el que ama los cielos estrellados,
aquel con sueños estropeados.
Quien trabaja bajo el sol,
bajo la nieve y bajo la lluvia
con el alma hecha pedazos.

Soy aquel que regresa con los pies cansados,
las manos débiles y sueños poco realizados.
Soy de los que no andan amarrados,
quien corre por los techos, colocando clavos.

Soy aquel que levanta las hojas pesadas de tabla—yeso,
muchos dicen que no tengo seso,
No les hago caso a eso,
pero en la noche, ¡ay! me duele hasta los huesos.

Soy aquel que llegó hace décadas,
o el que llegó hace unos días,
quien comió tres tiempos de comida
y otras veces hizo dietas.
Soy aquel que le dieron la mano
o lo golpearon por la jeta.

Soy varón, soy mujer valiente,
soy el suspiro de mamá y el recuerdo de papá.
Soy peón, soy inmigrante.
pero jamás un delincuente.

GUATEMALA

País de la eterna primavera,
hoy alzas al cielo tu bandera,
como señal de libertad.

Bello es el lago de Atitlán,
como la cumbre de tu más alto volcán,
en el mundo no hay igual,
¡Guatemala tu nombre inmortal!

Hoy te vistes de Azul y blanco
que son los colores del cielo,
hoy quisiera cumplir mi anhelo
de decirte que te amo tanto.

MADRE AMOROSA

Mujer, madre amorosa;
mujer bella y hermosa,
generosa y bondadosa
entre todas las mujeres,
eres linda como una rosa.

Mujer que me diste la vida,
fue tan grande tu alegría,
que cuando me diste a luz,
encomendaste mi vida a Jesús.

Mujer amada y querida
de mi familia el centro de vida,
que con esmero cada día
ruegas a Dios para que sea tu guía.

Que con amor a hablar me enseñaste,
que cuando estaba en tu vientre
varón me deseaste,
y por mí, hasta donde llegaste.

En cada rincón de tu hogar,
se siente la dicha y la paz,
pues en la familia tienes gozo
además de tener un buen esposo.

Quieres que siga a Dios
y que mi fe nunca varíe
y que del camino que lleva a la vida
jamás yo me desvíe.

Gracias por darme la vida,
por enseñarme a caminar
y es por eso que siempre cada día
yo a Dios le ruego que te bendiga.

MI LUGAR FAVORITO

En algún lugar remoto
de éste país maravilloso,
se encuentra un lugar hermoso,
del cual me enamoré como lo vi tan pronto.

Entre ríos y montañas
se encuentra mi lugar favorito,
donde encuentra paz mi alma
y se desvanece la nostalgia.

La vista hermosa y majestuosa
que en las mañanas se admira
su tierra fértil y preciosa
que a lo largo del día se admira.

Una hermosa cascada
que desde lejos se divisa,
estar allí donde cae y mojarme con su brisa,
es lo mejor que pudo darme la vida.

Una mañana muy nublada,
pero poco a poco aclarada
encamina hacia un día inesperado,
pero al final de la tarde es admirado.

A lo lejos de esta tierra se admiraban
unas hermosas pinceladas,
a los cuales, celajes les llamaban,
ese día Dios lo hizo
para que encontrara inspiración mi alma
y sentirme como en el paraíso.

PARA MI MADRE

En la inmensidad del hermoso cielo,
se esconde un gran amor,
una esperanza y un anhelo,
donde se espera un gran favor
de quien se ama con fervor.

El brillo de las estrellas
y el hermoso reflejo de la luna,
resaltando en los lindos ojos de ella,
llenos de cariño y ternura,
mientras ella velaba por mí en la cuna.

Sin ella no soy ya nada, con mi llanto en aquella cama,
de niño ella me levantaba y cargaba,
contemplándome para que no llorara,
la cabeza me acariciaba,
diciendo que conmigo ella estaba.

Con un rostro resplandeciente,
como un inmenso calor ardiente,
ella estaba allí presente;
y cuando miedo tuve a la oscuridad,
acompañado de ella estuve siempre.

Su sonrisa me dio alegría
y a vivir me enseñó cada día;
dijo que me amaba
y que el bien por mi siempre desearía.

Un día me dijo que si éxito quería,
verme perseverante ella estaría,
y que si algún día ella moria
desde el cielo me vería y cuidaría.

TEJUTLA

Por unas calles empedradas caminaba,
sin rumbo y sin dirección ¡pensaba!
Pero la luz de la luna llena iluminaba,
aquella oscura calle por la que pasaba.

No sé si era julio o abril
en ese momento había perdido la memoria,
me encerré en el silencio y al abrir
los ojos, comencé a recordar su historia.

Mi corazón vacío y herido de muerte
¡que mala suerte la mía!
La gente, era media noche y dormía,
y yo caminaba a la luz de la luna que sonreía.

Las calles empedradas, las paredes viejas
de las casas abandonadas a la merced,
las tejas de barro que una a una se caían,
estaban abandonadas como ella a mi corazón y mi alma
hacía.

Tejutla, Tejutla, Tejutla, pueblo de mis amores,
desde los rincones de Agua Tibia,
desde El Rosario hasta Los Laureles.
hasta las altas montañas de Julen,

Así de bellas las mujeres,
que sacan a flor mis temores,
quizá sean verdades o rumores,
pero entre todas estas flores,
una es la dueña de todos mis amores.

Algún día me iré por siempre,
quizá te olvide ahora o quizá sea de repente,
pero te espero en Nueva Esperanza
o si no, te espero en El Horizonte.

POR TI

pero vaya que pensamiento,
si dices que te miento,
sé que te provoca sufrimiento,
pero no sabes que por ti, mi corazón sigue latiendo.

Quizá pensaste que siempre te mentía
y que yo de ti me olvidaría,
no sabías que por ti la vida yo daría,
y mentirte, yo jamás lo haría.

Valles y montañas por ti yo cruzaría
por volverte amada mía,
por aquel camino llegaría
que conduce a ti preciosa niña.

Sabes que tanto te quiero,
que vivir sin ti no puedo.
Piensas que tengo alma de hierro,
¿Acaso no sabes que por ti yo muero?

No podrán borrarte de mi memoria
aunque de mi te vayas algún día,
no podrán borrar tu historia,
pues juré que siempre te amaría.

AQUELLA NOCHE

En una noche de luna llena,
hermosa luz, sus ojos reflejaban,
era grande en alumbrar en su faena
pero más grande el amor que en mí, iluminaban.

Inolvidable noche aquella,
en la cual yo la acariciaba,
amor grande sentía ella
y yo de besos su boquita le llenaba.

Aquella noche yo me despedía,
de aquel lugar que nunca olvidaría;
donde la luna llena celosa nos miraba
pero con su luz radiante nos iluminaba.

A lo lejos el ruido de un río se oía,
en un momento, mi alma se estremecía,
pero con su voz me llenaba de alegría
y una luz brilló entre nosotros ese día.

Las montañas celosas aguardaban;
una linda vista esa noche se apreciaba,
los árboles con el viento nos silbaban,
y en nuestra alma un destello de luz nos alumbraba.

Erase ya muy de madrugada,
en aquella noche fría y estrellada.
Yo la abrigaba y sus hermosos ojos contemplaba
y su pelo negro como la noche acariciaba.

AÚN TE QUIERO

Somos un suspiro que el viento se llevó,
una espina que de la rosa se cayó,
fuimos dos almas en pena,
que habitamos al silencio de la luna llena.

Por eso te escribí una canción,
que nació en lo mas profundo de mi corazón,
fue en un momento de dolor,
o quizá un momento de pura inspiración.

Nada de lo que hice por ti valió la pena,
y ahora estoy pagando caro mi condena.
No te tengo a ti en esta noche de luna llena,
y mucho menos para que contemplemos las estrellas.

Con tu presencia se iluminaba mi cielo,
eras tú mi más preciado anhelo.
Eras tú la que se escondía entre mis sueños,
pero eras tú la que causaba mis desvelos.

Tu corazón se hizo frío como el hielo,
tu alma tan fuerte como el hierro;
aunque en ti mis sueños aún aferro,
no me queda más, decirte que te quiero.

TU PARTIDA

Estando en la cima de la Piedra Partida,
recordé aquella profunda herida
que dejaste en mí con tu partida.

Recordé tu corazón tan frío,
como el frío de Ixchiguan.
Busqué consuelo o alivio,
donde nunca lo hallarán,
estos ojos traviesos que un día te miraron,
los que un día contemplaron tu sonrisa, la que se perdió
en medio de la lluvia o de la brisa,
y que el tiempo nunca olvidó.

Recordé aquel amanecer en el volcán,
el testigo fiel de nuestro amor,
aquel día mientras el sol caía.
Quizá palabras faltarán ,
para describir aquel día
cuando de mis brazos te ibas y jamás regresarías.

Tu nombre grité al viento desde el Tacaná,
para que lo escuchara el Tajumulco,
fue tan fuerte,
que en el silencio se quedó,
y el vacío que en mi pecho se sintió.
Grité al vació,
pero nunca se escuchó,
porque tu nombre, el Tajumulco lo olvidó.

MI ABUELITA

Allá con la mirada tierna, espera
con una taza de café en la mano,
es el café que ella muele en piedra.
¡oh mezcla de los dioses, mi hermano!,

Los años han marcado su piel,
pero nunca su tierna mirada;
parece que fue ayer,
cuando frente al fuego la vi sentada.

Ella es mi hermosa abuelita,
aquella que al mercado me enseñó a ir.
Ella es mi bella madrecita,
que la comida me enseñó a servir.

Sus ojos llorosos me vieron partir,
con una abrazo sé que me espera,
espero pronto poder ir
y poder contemplar a mi hermosa estrella.

Sus pies cansados de tanto caminar,
hacen más lentos sus pasos al andar,
es mi abuelita que me enseña
que la mejor de todas las mujeres,
es ella sin dudar.

EL LUGAR MÁS BELLO DEL MUNDO

Existe un pedacito de tierra
dónde se toca el cielo con las manos,
donde la luna se ve más bella,
donde se contemplan más grandes las estrellas.

Rodeado de bellas montañas,
abrazada de lindos paisajes.
Donde el canto de las aves
hacen inolvidables tus mañanas.

El lugar más bello del mundo,
aquel que tiene un centinela;
por el que crece un sentimiento tan profundo
y por el cual mi corazón y mi alma velan.

En las mañanas se viste de colores,
y en la tarde el aroma de las flores,
del clavel, la rosa y la begonia
¡oh! Tejutla de mis amores.

Entre milpas y veredas
conduce el camino hacia mi casa,
voy silbando porque te amo de a de veras
es mi lugar favorito, del cual mi alma nunca se cansa.

¡Oh! grandes y hermosos bosques
donde se respira el aire puro.
¡Oh! Benditos y altos montes
allí donde mi corazón se siente seguro.

El haber caminado por tus calles
y cruzado por tus valles,
me recuerdan juventud eterna
y el amor de mi vida, mi alma gemela.

Lugar donde forjé mis sueños.
lugar del que me despedí llorando.
Tierra donde mis antepasados fueron dueños
y solo quedan los recuerdos.

Juré que a mi pueblo volvería,
si así un día Dios lo permitía.
¡Oh! Tejutla de mi vida,
fuiste el pueblo donde yo me enamoraría.

ANOCHE

Anoche durmiendo te soñé,
tan linda y tan bella te miré.
Un sueño mas contigo,
pero lo malo es que ya no estas conmigo.

Otra noche de desvelo sin ti,
solo en mis sueños, vivo para ti.
Dulce mirada y labios de diosa,
dulce niña celosa, pero hermosa.

Tus ojos mirándome tiernamente,
porque solo existes en mi mente,
en mis sueños te amo ciegamente,
y cuando despierto, por ti mi corazón late fuertemente.

Anoche otra vez el sueño mas lindo,
soñé que tu rostro acariciaba,
tus labios de miel besaba,
pero poco a poco, la noche se esfumaba.

TODO TERMINÓ

Todo terminó y es para siempre,
vete, vete de mi mente,
Y no regreses a mi corazón,
aunque por ti lata fuertemente.

Corre corazón y alcanza la luna,
porque como tú ninguna;
aunque mi corazón no te olvida,
vete y sigue con tu vida.

No voltees hacia atrás,
que me vas a ver llorar.
Corre, alcanza al bus en que te vas,
no regreses, que no te voy a perdonar.

Mis ojos llorosos te extrañarán
mas sin embargo, de ti se olvidarán.
corre porque todo terminó,
corre porque todo se acabó.

Adiós te dice mi mano al viento,
este puro sentimiento,
te seguirá hasta que camine lento,
se morirá y se irá junto con el viento.

De recuerdo me quedaron tus besos,
soñaré con tus abrazos;
no besaré otros labios como esos,
pero me voy, porque hiciste mi corazón en mil pedazos.

LUNA LLENA, LUNA BELLA

Detrás de esa montaña te contemplo
luna llena, luna bella;
has hecho de mi corazón un templo,
para ti hermosa doncella.

Corrí para querer alcanzarte,
cuando detrás del volcán te ocultaste.
Quería junto a mi pecho abrazarte,
pero era ya de madrugada y te olvidaste.

Te borraste del cielo estrellado,
porque con el sol fue iluminado,
pero me quede allí sentado,
junto al cielo enamorado.

Luna bella, hermosa doncella,
testigo de mis noches de amor;
noches de inspiración,
cuando el amor salía de mi corazón.

Tu dulce luz iluminó mi camino,
muchas veces en la oscuridad de la noche.
¡Oh! Dulce luna llena iluminas mi destino,
desde hace mucho tiempo y sin reproche.

Mi cielo iluminado con tu luz hermosa
luna llena, luna bella.
en primavera te regalo una rosa
coronada con una estrella.

¿Por qué será que como me duele cuando no te veo salir?
¿Por qué será que tengo ganas de verte?
¿Por qué será que tengo ganas de contemplarte?
¡Oh! luna llena, ¿Por qué no salís?

QUISIERA

Sentí como si ella estaba ahí,
solo pude sonreír,
y de pronto estas letras escribí.

Quisiera ser tu hombre
Y tú fueras mi mujer,
llevarte a lo alto de la cumbre
Y mirar la milpa florecer.

Quisiera ser un campesino,
quisiera ser un labrador,
para sembrar contigo mi destino,
Y ver crecerlo como flor.

Quisiera ser aquel que te lleva a la luna.
Quisiera ser el que te hace especial,
para hacerte sentir como ninguna
y llevarte al cielo en una nave espacial.

Quisiera ser aquel loco enamorado,
que pone la mano en el arado,
y no voltea hacia atrás,
porque no recorre el mundo en vano
y te demuestra que te ama a dondequiera que tú vas.

Quisiera ser tu poeta,
aquel que escribe poemas solo por ti.
Aquel que abraza tu silueta
y por ti, no deja de sonreír.

Quisiera ser el que te lleve a la cima del volcán,
mostrarte las maravillas del amor.
Aquel que sus ojos solo mirarán tu rostro angelical
y hacer que te olvides del temor.

Temor de querer amar o de olvidar,
por eso quisiera ser lo que soy y mucho más;
para que veas que soy sincero al amar,
y que no te engañaría, nunca jamás.

¿DESDE HACE CUANTO?

¿Desde hace cuanto que te quiero?
Creo que ya hasta lo olvidé,
sabes mi bebé,
tengo para ti el amor sincero.

Desde hace cuanto vives en mi mente,
creo que se me olvida de repente;
ya no sé si vivo para mí,
o si al final vivo para ti.

¿Desde hace cuanto me enamoré?
No lo sé, solo sé que te llevo en mi poesía,
y este poeta preso de la melancolía,
te ama desde hace mucho bebé.

LA AVENTURA

Que buena fue mientras duró la aventura;
las palabras quedan grabadas en el corazón,
sin imaginar el dolor que te causan,
cuando después se van sin decirte adiós.

Sin saber nada de nada de ti,
te quise por muchos minutos y segundos,
mientras duro lo que tenía que durar,
hasta que un día te quise ir a buscar
pero nunca te encontré.

Que gran aventura ir a Xelajú,
muchos viernes de verano,
para darte un beso hasta donde estabas tú,
y tomarte de la mano.

La aventura de recorrer carreteras,
la aventura de caminar por las veredas,
mientras el sol se ocultaba allá por las montañas.
La aventura de soñarte en las madrugadas.

La aventura de regresar por las mañanas
a mi pueblo natal,
después de verte sonreír allá en las sabánas,
en los campos llenos de agua manantial.

La aventura más grande en motocicleta,
por llegar hasta ti,
mejor que en bicicleta.

SEÑOR JESÚS

Te amo, te quiero, te adoro,
eres mi aliento en la mañana,
eres la paz que anhela mi alma,
eres el dueño de la luna, eres el dueño del alba.

Señor Jesús, tú eres el pan bajado del cielo,
con razón a ti se arrodilla toda la tierra
y alaban tu santo nombre,
entrego a ti mi corazón,
entrego todo lo que soy: éste pobre hombre.

En las mañanas te escucho en el canto de las aves,
te veo en el cielo y las estrellas,
en el rostro de mi hermano,
en el sonido del viento.

Tu nombre es tan poderoso,
eres Dios, un Dios asombroso,
tus maravillas me atrevo a contemplar,
las montañas, los valles y las estrellas al brillar.

Señor Jesús, nos iluminas con tu luz.
Nos diste el perdón en aquella cruz.
Que mi canción llegue a tu corazón,
cuando se llena mi alma de tu gozo;
me sacaste de los más profundo de aquel pozo
y me diste vida para cantar con razón.

Te alabarán todas las naciones de la tierra,
se arrodillarán y postrarán.
Todas las personas de mi era,
a ti te alabarán.

PARA MI MADRE

Un día inesperado,
pero era ya planeado,
tu carita triste inundada de dolor
pero llena de alegría,
porque pronto recibirías un regalo.

Era yo quien en camino ya venía,
por mi, tanto ella sufría,
dolor tras dolor; ¡oh madre mía!
que agonía, que alegría.

Después de eso pronto yo nacía,
me miraste y contemplaste,
sonreíste y al cielo gracias diste,
era solo el comienzo de noches enteras
que te esperaban, pero nunca te rajaste.

Madre desde ese entonces estuviste a mi lado,
es por eso que yo fui tu regalo,
y tú, un ángel que bajo del cielo,
por eso te saludo y tu felicidad anhelo.

Te amo madre mía como a nadie en mi vida,
es por eso que en tu día, quiero ser tu alegría.
Darte de regalo estos versos
que te escribe el alma mía;
Y decirte que tu amor admiro cada día.

DULCE MORENA

¡Ay nena linda!,
dulce morena de piel canela,
como te extraño,
aunque a veces no te veo,
juro que no puedo dejar
de admirar tu dulce encanto,
¿Por qué?, ¡porque qué bello es tu mirar
y que dulce tu besar!,
te extraño morenita linda,
me robas el aliento.
le decía un enamorado,
a la chica que le robaba el pensamiento.

Cada noche sueño que te beso,
que acaricio tu delicada piel morena
y te invito a salir esta noche, nena;
junto a las estrellas y luceros.

¡OH LUNA RADIANTE!

Cómo te sueño ¡oh luna radiante!
de noches de ensueño,
que por ti me desvelo,
que por ti me muero.

Si tan solo pudiera medir
lo que siento por ti,
te darías cuenta que no hay medidores
que lo puedan lograr;
porque lo que siento por ti,
es más inmenso que las arenas del mar,
más grande que la distancia
que hay entre la tierra
y el cielo, que es tan infinito.

NUESTRO AMOR

Hoy viendo al cielo recordé,
cuan grande era nuestro amor.
Hoy viendo las montañas te miré
y un suspiro, recordó aquel dolor.

Amor grande el nuestro fue,
maravilloso e inmenso recordé,
el día aquel cuando con el universo
entero yo te ame.

Cuando todo se acabó,
un suspiro en el aire se quedó,
llorando el cielo terminó,
y la tierra entera, un diluvio de lágrimas la inundó.

Te extraño con tu pelo negro,
como la medianoche eterna.
Como extraño mi mundo a tu lado
y pasar contigo una vida entera.

PENSANDO EN TI

Pensando en ti bajo ésta lluvia que no cesa,
pensando en tu belleza.
Pensando en ti bajo ésta lluvia intensa,
tu manera de besar, invade mi cabeza.

Tus besos recuerdo
con cada gota que veo caer,
como gotas de miel recuerdo,
como los besos que me diste en el ayer.

PENSANDO EN LA BELLEZA

Pensando en la belleza que deslumbra,
que desvive y que se pierde
en la inmensidad del universo entero,
que brilla como radiante lucero,
que se notó allá en el inmenso cielo.

Pensando en ti refugio de amor y anhelo,
dime lo que sientes y te diré cuanto te quiero;
y por ti pedazo de cielo, es que vivo enamorado.
¡Ojalá y nunca esté equivocado!

Las palabras no existen para describirte,
cuando contemplo la luz de tu mirada,
mirada que me quema dentro de mi alma,
la luz de tu belleza sin igual,
que deslumbra como estrella fugaz.

Pensando en la luz de tu mirada,
mirada linda, mirada bella.
No es mirada de cuentos de hada,
es mirada radiante como una estrella.

Luz de tus ojos, sonrisa de tu rostro hermoso,
mirada tierna, mirada encantadora.
Que maravilloso,
Mi alma solo a ti te añora.

UN AMOR PROHIBIDO

De un amor prohibido,
nació un amor sincero.
Es lo mejor que he vivido,
es mejor que un aguacero.

Hace tiempo fue,
el día en que me enamoré,
de esos ojos de miel,
que tiene esa mujer.

Al contemplar su rostro hermoso,
cautivó mi corazón.
Al probar sus labios rojos,
sus besos me llenaron de ilusión.

Que lindo es tu mirar,
cada día que te veo,
me enamoro mas y mas.
Es que eres la mujer,
digna de admirar.

Prohibido ya no fue,
Pero nunca te tendré,
Siempre te recordaré,
Y con tu recuerdo moriré.

ESTA NOCHE

Las flores en el campo,
sobresalen con encanto.
Te escribo un verso o te escribo un canto.

Contemplo tu mirada bajo la luna,
acaricio tu pelo negro,
beso tus suaves labios,
escucho un susurro con dulzura.

Es tu humilde corazón,
el que late con ternura,
y palpita con locura,
haciendo eco como mi mejor canción.

Es mucha la emoción,
esta noche fría se calienta,
al tenerte muy cerquita,
muy cerquita de mi corazón.

INMENSA SOLEDAD

En esta inmensa soledad que me abraza,
La noche fría y oscura me acaricia.

Solo un abrazo y un beso me la quita,
Aunque sea una noche muy chiquita,
Se pasa rápido si un beso te doy en la boquita.

POR UN LUGAR

Por un lugar en tu corazón;
por un lugar en tu mente,
que me roba la razón,
por un beso que te dé, en los labio o en la frente.

Los besos que te doy,
los besos que te he dado,
hacen lo que soy,
hacen lo que hago.

EN UNA NOCHE DE LUNA LLENA

En una noche de luna llena,
tus ojos hermosos reflejaba,
la dulzura de tu mirada,
que al delirio me llevaba.

Tu pelo negro se confunde con la noche,
apenas te puedo contemplar,
pero luego la luna llena,
refleja con su alma buena,
nuestros rostros
y puedo ver tus ojos llenos de amor.

Que bella mirada encantadora,
es una mirada seductora.
Tus labios me hipnotizan,
tu forma de ser que me enamora.

Al verte tan hermosa,
recuerdo aquel momento en que te vi,
al verte tan preciosa,
recuerdo cuando me enamore de ti.

Tus ojos, dulce encanto.

CUANDO PIENSO EN TI

Cuando pienso en ti,
las palabras se me van,
invade la emoción a mi pobre corazón.

No existen palabras
para describir lo que por ti yo siento,
este grato sentimiento
al verte en mi pensamiento
tan linda, tan radiante.

Que quieres que haga si te amo,
si te siento tan cerca
aun no estando a mi lado.

En un suspiro te mando en el viento
un te amo, un te extraño;
aunque pasen años,
te envió un te quiero, te mando un te espero.

ELLA

Me levanté una mañana;
me asomé a la ventana.
No podía dejar de pensar en tu mirada.

Qué mirada encantadora,
con una sonrisa que enamora,
una linda chica soñadora.

Solo pienso en ti,
el momento en que te vi,
en el primer beso que te di.

Desde el primer día que te vi,
vives en mi mente y en mi corazón
desde entonces cuando vuelvo a verte, pierdo la razón.

NUEVA ESPERANZA

Cómo olvidarte lugar amado mío,
si fuiste el fiel testigo
de mi sufrimiento y mi lamento.
Si fuiste el fiel testigo
de mis risas y alegrías,
de mis logros, de mis sueños y de mis pesadillas.

Nueva Esperanza, lugar de ensueño,
lugar de encanto.
Lugar bendito tierra de mis raíces,
tierra de mi amor y de mis días felices.

VIVIRÉ DENTRO DE TI

El día que ya no sepas donde estoy,
recuerda que voy a estar mas cerquita de ti,
búscame dentro de ti,
en tus mejores recuerdos,
en él fondo de tu corazón.

Si un día me amaste con locura, allí estaré,
en cada palpitar de tu corazón,
pero recuerda, que aunque este muerto,
viviré muy dentro de ti.

AL OTRO LADO DEL DESIERTO

Caminando bajo una luna llena,
y un cielo lleno de estrellas,
sin rumbo y sin dirección, pensaba
caminaba hacia lo desconocido,
pensaba solo en ella, en esa niña bella,
mi amada.

Amaneció, y vino el sol, mi rostro ilumino,
pero nunca me borró la sonrisa,
porque esperaba verla al otro lado,
caminando al otro lado del desierto.
Era mi amor incierto.

Aunque el sol me fatigó, la vi junto a mi,
y escuché su voz dentro de mi,
pronto de esa desolación salí
en mi mente y en mi corazón la vi.
A ella nunca volví.

POR SI UN DÍA TE ACUERDAS

Por si te acuerdas o por si te olvidaste
de los momentos felices pintados de azul,
con olor a asfalto,
con un detalle de rosas o pinceladas de encanto.

Por si acaso la luna llena
o los volcanes de Atitlán,
o quizá un paseo en lancha
o un beso a la orilla del mar.

El azul del cielo,
o lo maravilloso de un día lluvioso.
Tal vez sea un anhelo.
Tal vez todo fue en vano,
o quizá algún día,
nos volveremos a encontrar
y nos tomaremos de la mano,
cuando de éste sueño vuelva a despertar.

Tal vez no era la mujer más linda del mundo,
era de la que me había enamorado
y por la que daba todo.
Incluso hasta éste corazón cansado.

No me enamoré de su belleza exterior,
me enamoré de lo que ella era conmigo,
porque su interior,
era lo más bello de este mundo.

EL MOTORISTA

Las noches son mas largas,
sí el sueño es profundo;
más las noches son cortas,
cuando te pierdes en un sueño
que nunca se hizo realidad
en el fondo de un abismo tan profundo.

¿Recuerdas nuestro beso frente al palacio Maya?
¿Cuándo me despedí de ti cuando salí de Guatemala?
¿Recuerdas las promesas de amarnos por siempre?,
¿Recuerdas cómo eso termino aquel diciembre?

Algún día volveré a los lugares
juntos que recorrimos.
Dónde sin pensarlo nos llevamos sustos
y vimos barriletes gigantes,
como en ese entonces era nuestro amor.

Lo sé, todo lo olvidaste,
pero yo te llevo clavada
en mi mente y en mi corazón.
Eso le escribía un motorista a su amada,
desde lo más profundo de su corazón.

WONDERFUL SKY

When the wonderful sky
gives you a beautiful light,
and it's coming soon the night,
I always remember your beautiful eyes.

You're not with me anymore,
only the sunset is at there,
falling on the horizon,
remembering me, how much I loved you yestarday.

VIVES EN MI MENTE

Desde que te vi, vives en mi mente;
te pienso cada instante.
Quisiera ser ese valiente,
que te robe el pensamiento suavemente.

Estas palabras cruzaron medio mundo,
para sacarte una sonrisa,
y para decirte Feliz Cumpleaños,
porque eres tan bella; mujer que caminas muy a prisa.

Desde tierras lejanas te saludo,
esperando que la luna y las estrellas te iluminen,
aunque no estoy hasta Neptuno,
pero sabes que me gusta cuando sonries.

BENDITO

Eres mi fuerza para vivir,
eres lo más importante,
que puede haber en este mundo.

Sin ti mi vida no es vida,
si me haces falta me muero.
Si no existieras, no existo yo.

Eres para mi lo mejor
que me pudo haber pasado en la vida,
te necesito a cada instante.
Bendito aire gracias por existir.

LOS MEJORES RECUERDOS

Los mejores recuerdos no se llevan en fotografías,
se llevan en el corazón.

No era la mujer más linda del mundo,
era la que hacía más lindo tu mundo.

Quizá no era el hombre más lindo del mundo,
pero quería hacer tu mundo más lindo.

Muchas veces pensé,
"Te tomaré de la mano
y caminaremos bajo la lluvia,
si caemos, caeremos juntos,
y nos levantaremos juntos
y juntos caminaremos hacia adelante".

Todo lo que muchas veces haces por amor,
no se te regresa con amor.
Entonces mejor,
amemos sin esperar nada a cambio.

Así son los mejores recuerdos,
los que habitan en mi corazón;
los que habitan en mi mente.
Le doy al tiempo la razón,
para que tal vez ella me recuerde
cuando estemos viejos y caminemos con bordón.

UN ALMA ENAMORADA

Muchas veces miramos el cielo
en la mirada de alguien a quien amamos de verdad,
pero sólo es el reflejo de un alma enamorada.

Por eso ayer te vi en mis sueños,
te vi como la primera vez.
¿Será por que te extraño?
No, es porque quiero una vida entera a tu lado.

Por que cuando creí que lo tenía todo,
fue cuando en realidad no tenía nada.
Me quedé sólo con este amor,
que es mas grande de lo que te imaginabas.

Es ésta alma enamorada
la que suspira por ti,
un alma enamorada que sufría
solo por verte sonreír.

¿HASTA DONDE TE AMO?
Te amo de aquí al infinito,
en pasitos de tortuga.
Te amo de regreso,
en pasitos de una oruga.

LUNA LLENA Y LAGO DE ATITLÁN

Luna llena y lago de Atitlán,
los más fieles testigos de un amor verdadero,
porque aunque nublado esté, ella sigue iluminando
el camino que he de recorrer a tu lado.

Luna gardenia de plata,
como dice la canción,
te llevo aquí en mi corazón.
Sólo tu sabes lo que pasó,
cuando mi camino, tu luz iluminó.

Iluminaste éste amor,
que aunque traten de evitar,
nunca nadie nos va a separar.

MI RED SOCIAL

Todos los días me pregunta,
¿Qué está en mi mente?
La respuesta hasta me asusta,
porque ella está presente.

En mi mente solo ella puede habitar,
como el lago de Atitlán,
en el mundo no hay igual.
Así es ella; de mi mente,
nadie me la ha podido arrebatar.

Como le explicó a esta gente
quizá no entiende de amor,
en mi pensamiento está presente,
que importa si la amo en mi dolor.

NO TE ENAMORES

No te enamores de una cara bonita
o de un cuerpo escultural.
Enamorate de quien te sepa valorar,
de quien te de tu lugar.

Enamorate de quien te demuestre lo importante
que para esa persona eres.
Simplemente enamorate de los sentimientos,
Ve más allá de los pensamientos.

SOY CAPAZ

Soy capaz de recorrer
una carretera por verte.
Soy capaz de recorrer
el mundo entero por volver a verte.
Sólo me basta con saber
que quieres volver a verme,
y así llegaré no importa como,
la idea será tenerte.

Tenerte frente a mí,
dulce mirada soñadora.
Fuiste capaz de enamorarme,
y ahora mi alma y corazón te añoran.

MI PELÍCULA FAVORITA

Sin pensarlo,
tu voz se convirtió en mi mejor canción
y tus fotos en mi película favorita.
Abandoné todo
para que me abandonaras sin ninguna explicación.

Dejaste simplemente un vacío,
una tristeza y mi soledad,
para que se desvelaran conmigo por las noches
en lugar de tus llamadas.

Después de todo,
me di cuenta que si me amaste,
nunca me amaste lo suficiente.
Sé que ahora eres feliz sin mi.

Sólo sigue tu camino,
que yo seguiré el mío.
Sé que sólo llegaste a mi vida,
para hacerme feliz por un corto período de tiempo.

Que se acabó el momento;
ahora viene el lamento
y le doy espacio al sufrimiento.

Fuiste mi película favorita
que pude recordar ayer o ahorita.
Fuiste el recuerdo más insane
al que me aferre infame.

Y al final de todo, ella tuvo que bloquearme,
porque nunca podrá olvidarme.

TU SONRISA

Me encanta tu sonrisa,
y tu mirada simplemente me hipnotiza.
Por ti desgarro mi camisa,
al saber que no estas aquí, acariciándome suave brisa.

Acariciame la piel con tus ojos,
desnuda mi alma a tu amor,
abrazame y besame niña de los labios rojos
que no me invada el dolor.

Dulce sonrisa, mejillas con hoyuelos,
baila bajo la brisa,
protégeme con tus pañuelos.
Y enamorame con tu sonrisa.

En mi mente estás,
eres el mejor recuerdo en mi memoria,
tu historia no tendrá comparación,
en mi corazón estás clavada
y tu recuerdo,
habita hasta lo más profundo de mi corazón.

Después de todo,
lo único que quedó fue un recuerdo
atado a un sentimiento.

UNA TARDE ENFRENTE DEL PALACIO MAYA

Recuerdas nuestro beso frente al palacio Maya?
Y cuando me despedí de ti cuando salí de Guatemala?
Recuerdas las promesas de amarnos por siempre?
Recuerdas cómo eso terminó aquel diciembre?

Algún día volveré a los lugares que recorrimos juntos,
dónde sin pensarlo nos llevamos sustos
y vimos barriletes gigantes.
Cómo en ese entonces era nuestro amor.

Lo sé, todo lo olvidaste,
pero yo te llevo clavada en mi mente y en mi corazón
no le haré caso a la razón
y te amaré siempre, cueste lo que cueste.

Eso le escribía un motorista a su amada,
cuando vio una foto del palacio maya,
porque recordó cuánto la amaba
y todo terminó cuando él cruzó la raya.

Él ya no estaba cerca,
estaba en tierras lejanas.
Donde al sol el corazón se acerca,
donde la luna y las estrellas
mi corazón señalan.

DE PRONTO

De pronto,
la nostalgia se apodera de mis pensamientos
y recuerdo el color de la tarde,
el sonido de las aves,
y el ladrar de los perros,
contemplando la caída del sol.
Viendo cómo aparecen las estrellas,
y luceros en el cielo,
mi corazón te anhela.
¡Oh! dulce encanto,
de tus dulces labios sabor a miel espero.

MY INSPIRATION

When I play my guitar,
I forget the bad things,
and the inspiration comes
from my soul and my heart.

Only be happy whenever you want,
no matter the moment or the place,
you would be as radiant
as the sun in the morning rises.

Where is my inspiration coming from?
From the moon or the life,
founded in a place
or a coldest hearth.

DESPUÉS DE TANTO TIEMPO

Y después de tanto tiempo,
te vuelvo a contemplar.
Estoy de vuelta para hacerte suspirar.

Quiero que me vuelvas a mirar.
¿Te animarías subir conmigo ese volcán?
Aquel centinela que a lo lejos se yergue
¡Vamos, vamos conmigo a caminar!

Y después de tanto tiempo,
me preguntas qué es lo que siento,
si mi corazón latiendo,
dice: Vamos, despacio o corriendo,
subamos juntos la montaña,
quizá no haya un futuro o un mañana,
tal vez volemos hasta a España
o quizá me despierte en tu ventana.

UNA TARDE DE ABRIL

Era una tarde de abril;
un hermoso atardecer,
y mis ojos pude abrir,
porque por tu amor quise enloquecer.

Parado contemplaba el paisaje,
cuando poco a poco el sol se ocultaba.
Quise salir corriendo sin pasaje,
para ir a buscarte a donde estabas.

Por tu amor quería recorrer,
cien mil kilómetros a pié;
y decirte que tu eras mi querer
y que otra como tú, nunca la encontré.

HOY

Hoy me desperté pensando en ti,
pues yo en mi sueño te miré.
Estaba recordando cuando yo te conocí,
y cuando de tus ojos, yo me enamoré.

Recordaba las curvas de tu sonrisa,
dibujadas en tu rostro hermoso.
Cuando te miraba y te besaba,
Y cuando a tu piel acariciaba.

Recordaba hoy de madrugada,
cuando en tus ojos me miraba;
Cuando de la mano caminaba,
por aquellas calles empedradas
junto a ti mi bella amada.

Recordaba aquella noche de luna llena,
qué con su luz tu rostro iluminaba.
Acercándome al cielo te besaba,
y tú pelo negro acariciaba.

Hoy amanecí pensando en ti,
pensando que mi vida yo te di,
pero un día de tu lado yo me fui,
Y ese noviembre fue el último día que te vi.

Hoy que estoy en el norte,
no he perdido mi sendero;
y aunque los sueños alguien me corte,
no me cortará este amor sincero.

EMPIEZA A DISFRUTAR

Eran las seis de la mañana cuando el sol empezaba a salir;
yo me disponía a empezar a trabajar
y dije: como antes no se me pudo ocurrir?
Así que desde hoy empezaré a disfrutar.

Los días siguieron pasando,
Hasta que que por fin te encontré,
con una sonrisa te miré,
y de ti me fui enamorando.

Esa tarde me senté a la orilla de un río,
paz interior sentí al caminar a tu lado.
Platicamos hasta que se hizo frío,
y esa noche fue que dormiste entre mis brazos.

Volvieron a dar las seis de la mañana
Ese día no fui a trabajar,
Se fusionaron nuestras almas en la madrugada
Y fue así como te empecé a recordar.

BIENVENIDO SEPTIEMBRE

Bienvenido septiembre,
el noveno mes del año.
A tres meses de diciembre,
y yo aún te extraño.

Como si fuera ayer
la última vez que te vi,
como cuando me enamoré de ti.

Han pasado muchos años.
Han pasado lunas y veranos,
pero yo te sigo amando,
aunque tú no recuerdes como me llamo.

Te recuerdo que me llamo Belisario.
Tal vez no lo encuentres en el diccionario,
ni aún así en el calendario.
Soy aquel que no nació junto con los dinosaurios.

Bienvenido septiembre,
nunca olvides mi nombre,
ni mis regalos de diciembre,
porque soy aquel que en tu corazón se esconde.

UN ATARDECER

Erase un atardecer bello en el jobsite,
y quise estar allí en aquel lugar.
Ver tus ojos hermosos al mirar,
cuando ayer tú me decías good bye.

Apenas me pude un rato escapar,
y soñar que siempre estaría en tu life.
Amarte niña mía de verdad,
y no irme de tu side.

Juntos de la mano the last night,
yo veía el reflejo de luna en tu mirar;
y esa ternura en tus ojos al mirar.
Fue así como en ti pude encontrar my guide.

NO HAY CAMINO

No hay camino que no se haga al andar,
ni sueño que no se cumpla, si te atreves a soñar.

LLEGÓ EL INVIERNO

Llegó el invierno,
el otoño fue tan tierno.
No sé ni cuando se fue el verano,
pero recordé cuando tomé su mano.

Al mismo tiempo se siente frío,
quizá porque está lejos.
A veces a solas me río,
cuando la recuerdo frente al espejo.

De la manera en que bailamos,
o como nos enamoramos.
Quizá tomados de la mano,
cuando aquel atardecer juntos contemplamos.

Yo casi es Navidad,
en mi habitación invade soledad.
Aunque mi guitarra me acompaña,
aquella canción nuestra, entonará.

EN AQUELLAS NOCHES DE AVENTURA

En aquellas noches de aventura,
donde solíamos ver la luna y las estrellas;
donde miraba en tu mirada el reflejo de ellas;
donde nos besábamos con amor y con locura.

Cuando solíamos caminar de la mano,
en aquellas noches de verano.
soñamos con un siempre amarnos,
y en viajes a la luna aventurarnos.

Cuando mirábamos al fondo aquel volcán,
soñando con escalar esa montaña,
donde pensamos que nuestras almas volarán,
y que juntos despertaríamos cada mañana.

BAJO LA MISMA LUNA

Bajo la misma luna que nos ve,
aunque lejos de mi gente,
los llevo en mi mente,
y quiero volver, lo sé,

Contemplar aquellas humildes personas,
aquellos niños lustradores;
caminar por el parque a solas,
o contemplando las bellas flores.

Esperar sentando en la fuente,
o en alguna banqueta;
dejar un beso en la frente,
¡Oh! amado Tejutla, estás en mi corazón y en mi mente.

ELLA NO ERA PERFECTA

Ella no era perfecta, ella no pedía nada a cambio,
entrego su amor sin condiciones
y amo sin excepciones.
Entregó lo mejor que tenía,
que era un alma y un corazón sincero.
Amó con locura y amo sin desenfreno.
En su corazón sólo existía un amor sincero y verdadero.

Ella no era perfecta,
porque sus defectos la hacían ser diferente y elegante.
Ella era belleza, pero sobre todo, ella era inigualable.
ella para muchos era inalcanzable,
pero aún así era muy amable.

Ella no era más que nadie, ni menos que ninguna.
Ella era como las estrellas,
pero también era como la luna.

En sus ojos reflejaba el amor que me tenía,
aunque con sus manos vacías,
su alma siempre estuvo llena
y en sus venas recorría la verdadera esencia del amor.

Aunque quizá era fantasía,
un sueño o quizá la realidad,
solo sé decir que ella fue
quien me enseñó el verdadero significado de amar.
Amar sin perfecciones y amar sin decepciones.
Ella me enseñó amar los colores del cielo
y la oscuridad de la noche estrellada.
Porque ella era eso y mucho más
de lo que había visto en ella.
¡Ella era perfecta!

AYER CAMINABA

Ayer caminaba bajo la nieve,
quizá eran las diez o quizá las nueve.
Vi como el viento las ramas de los árboles movía,
y sentí que mi amor por ti aún no muere.

Recorrí calles y avenidas.
Recordé comidas y bebidas,
que disfrutamos junto al mar;
que disfrutamos allá en Atitlán.

Mientras muero en este invierno,
sueño con verte de nuevo;
darte un beso grande y tierno,
o amarte tanto, es lo único que puedo.

QUIEN SOY

Soy aquel escribe melancolía,
que describe el amor como poesía;
aquel loco soñador,
que hace del dolor una sonrisa.

Aún te amo y las flores en el campo,
Florecen, dulce encanto.
Los pájaros, sus trinos y sus cantos,
Aunque de mi alma solo broten llantos.

DE QUE SIRVE

De que sirve querer tanto a alguien
y dar la vida por esa persona?
Si al final de todo, se larga y te abandona?
te deja a merced de la nada, sin cobija y sin almohada.

De que sirve hacer poemas,
si solo son frases y rimas,
de que sirve hacer canciones,
si ella es sorda y no escucha lo que escribas.

De que sirve cocinar, si ella nunca tuvo hambre.
Solo veo pasar la vida sobre la tarima,
que aquel no come es el que engorda,
y aquel que come fiambre, siempre tendrá hambre.

De suspiros al viento no regresa a quien se ha ido,
porque al final de todo está perdido,
se va con rumbo hacia el olvido;
se va perdiendo en el horizonte desapercibido.

De que sirve dar tu inspiración a quien no lo merece,
quizá algún día alguien lo leerá y dirá
este estaba loco, enamorado de quien no lo quiso;
de aquella que solo sufrir su corazón hizo, con hechizo.

De que sirvió pasar las noche en vela,
si ella ni siquiera una noche se desvela.
Bonito soñar despierto mientras lloras,
fue la frase, la que ahora añoras.
El tiempo no se detiene,
y solo trae a la memoria,
de quien un día, fue tu mejor historia.

UN AMANECER

Disfrutando de un amanecer,
erase un bello recorrer,
Por Omaha Nebraska
O cualquier otro highway.

Susurro al viento mis penas;
¿Quien podrá aliviarme de esta pena?
Es una pena que me embriaga y me mata,
qué mi corazón y mi alma ata.

Luz del sol al amanecer,
ilumina mi sendero.
Lluvia que caes del cielo,
alivia mis lágrimas al atardecer.

Lloverás en el fondo de mi corazón,
dulce lluvia, gotas en forma de canción.
Gotas de sangre con amor sincero.

A MI HERMANO

Llegó abril, el cuarto mes del año,
llegó la primavera y luego el verano.
Desde este sitio tan lejano,
recordando la sonrisa de mi hermano.

Ayer era tan pequeño,
nunca jugamos canicas,
ahora tengo un sueño,
regresar y verlo en sus prácticas.

Corre el viento acelerado,
llevándose un suspiro,
¿Cuál será mi alivio?
Quizá sea regresar y ver mi hermano.

PARA TI MADRE

Con amor cada día,
con cariño y alegría,
vez al cielo con ternura
vez a este hijo que te ama con locura.

Sé que no estoy tan cerca,
pero tampoco estoy tan lejos,
estás en mi corazón de poeta,
y yo llevo en mi mente tus consejos.

Pides de rodillas por nosotros,
madre mía amorosa,
te regalo un clavel o una rosa
con cariño, ésta mañana hermosa.

JUNTOS POR SIEMPRE

Ella prometió que estaría,
que nunca se iría.
Él hizo lo mismo juntando sus manos al cielo.
Era la distancia quien los separaría
o eran los kilómetros de ensueño.

No dijeron nada más que dulces mentiras,
mientras ella un ramo de rosas en sus manos sostenía,
Un beso al viento él le mando mientras partía.

Juntos por siempre fue lo que aquel día,
él y ella prometían.
Una dulce mentira que siempre existiría.

QUIZÁ UN DÍA

Quizá un día,
todo sea diferente.
Quizá en los días siguientes,
los sueños se cumplan para cada uno.

A veces somos un sueño lleno de cicatrices,
de momentos tristes o momentos felices,
pero somos hermanos, tenemos las mismas raíces.

Ya no duermo o ya no despierto.
Quizá veo, pero no siento.
El alma se desgarra por dentro,
no es lamento, es puro sentimiento.

Un sueño solo muere, si muere el soñador,
lo dijo el gran poeta, cuando no era nadie,
porque él solo hacia las cosas por amor,
y ahora las hace con amor.

LA HUMILDAD DE UN SER HUMANO

La humildad de un ser humano,
vale más que mil millones en la mano.
El amor hacia los demás, vale más que la posición en la que
estás.

Está persona quizá no sabe que puede ser millonario,
pero sus millones son la humildad con la que camina.
Ésta persona no sabe que puede ser empresario,
pero el amor lo da a todo lo que estima.

Su mirada, su caballo y su sombra lo acompañan,
no sabe que pasará hoy o mañana.
A la luz de sol y de la Luna se bañan sus cabellos,
cuando por el camino recorre sin prisa,
sus bolsillos vacíos de lana,
Pero hacia el cielo su corazón señala.

SOY EL NIÑO AQUEL

Soy el niño aquel que creció entre la milpa,
corriendo entre el trigo;
jugando tierra, haciendo casitas de adobes
y aviones hechos de la caña del maíz.

Soy el niño quién gritaba y cantaba
en medio de la montaña cuando iba por leña.
Él que silbaba a los perros para que lo acompañaran,
por si una ardilla o un conejo me asustaban.

Soy el niño que creció corriendo detrás de las ovejas,
diciendo: "vuelta mora, vuelata ixquina".
Así se llamaban mis ovejas,
todas tenían nombre, así como mis perros,
por eso los extraño, como en diciembre se extraña el
aquacero.

Soy el niño a quien la tableta,
el celular, la computadora o la televisión,
no pudieron robarle su infancia;
aquel que creció viendo las estrellas,
y al contarlas, la noche no le alcanza.

Soy el niño aquel que corría,
detrás de la pelota soñando,
con ser como Ronaldinho Gaucho,
o como el pin plata o el pescado Ruiz,
aquel que cosechas habas y maíz.

Soy el niño aquel que soñaba
con tener un carrito de control remoto o baterías.
El que andaba con botas de hule
buscando cañas y semillas.

Soy el niño el que corría con su honda en la mano
queriendo cazar shewes o sanates.
El que soñaba con tener pulso para cazar palomas,
cuando era temporada de bellotas.

Soy el niño que amaba los amaneceres y atardeceres,
las lomas y veredas.
El que esperaba ansioso la temporada de elotes,
para disfrutarlos con ayotes.

Soy el niño guatemalteco pobre,
que se convirtió en poeta,
el que salió de la cuneta
y se convirtió de bien un hombre.

Soy el niño que corría detrás de las ovejas,
aquel que por prender la vela se quemó hasta las cejas.
Soy el guardián de los sueños,
de mi gente, el guardián de mis anhelos.
Soy el orgullo de papá, mamá y mis abuelos.

Soy el niño que pasea humildemente,
quien se baña en agua fría o caliente.
Aquel que ama las mañanas,
quien contempla de San Marcos las montañas.

Soy el niño que se volvió escritor,
quizá soñó con ser el director,
de la escuela donde se graduó,
pero tenía muchas historias por contar,
en sus memorias y así fue como en el norte, él surgió.

TEJUTLA TIENE UN CENTINELA

Tejutla tiene un centinela,
aquel que por las mañanas se enciende con el sol,
y que por las tardes en el ocaso,
es el último en despedirse.

Aquel que se ilumina con la luna,
Se adormece en las estrellas y luceros.
Tejutla tiene un centinela,
aquel que con su majestad enseña
a temer y a estar enamorado.

Quizá no está en sus tierras polvorientas,
pero está cerca de sus tierras sedientas
de amor y del rocío de la lluvia triste.

La tierra de mis ancestros,
de mis padres y de maestros.
Aquellos que me enseñaron a leer.
Solo sé que la vida me enseñó a ver.

A ver las cosas de la manera sonriente,
aunque muchas veces fue cruel;
como un trago con sabor a hiel,
pero aprendí a no rendirme de repente.

Tejutla tiene un centinela;
quién lo mira se enamora,
de esos bellos atardeceres;
de esos tiernos amaneceres.

Tejutla imponente en el altiplano.
¡Saludos hasta Tejutla mi hermano!
Tierra de mis recuerdos y raíces,
de mis amores y de mis pasados felices.

Tejutla tiene un centinela,
las nubes traviesas lo quieren ocultar;
a veces tardan días pero luego se levantan,
y nuevamente el centinela se puede apreciar.

Tejutla tiene un centinela,
que desde lejos cuida de su gente.
Qué por el altiplano vela
y su nombre lo llevo en mi mente.
Tajumulco.

LOOKING AT THE SKY

Today, looking at the sky I recalled
the enormity of our love.
Today watching the mountains;
a look and a sigh to the air you send.

Ours, was Love large,
wonderful and immense.
Recalling the day
when with the whole universe I love.

At the finish, a sigh was in the air,
crying to the end of the sky,
And the whole earth with a deluge of tears flooded.

I miss your black hair,
dark as midnight eternal,
Strangly summoning my world to your side
and spending it with you entirely.

HOY VIENDO AL CIELO

Hoy viendo al cielo recordé,
cuan grande era nuestro amor.
Hoy viendo las montañas te miré
y un suspiro al aire te envié.

Amor grande el nuestro fue,
maravilloso e inmenso recordé,
el día aquel,
cuando con el universo entero yo te ame.

Cuando todo se acabo,
un suspiro en el aire se quedo,
llorando el cielo terminó
y la tierra entera un diluvio de lagrimas la inundo.

Te extraño con tu pelo negro,
como la medianoche eterna,
como extraño mi mundo a tu lado
y pasarla contigo entera.

ESCRIBIRÉ MI ÚLTIMO POEMA

Escribiré muy último poema con mano de acero,
con tinta indeleble e imborrable.
Usaré una tinta de oro en el tintero,
y haré de mi poesía imborrable.

Lo depositaré en tu corazón de oro,
y perdurará después de mi vida entera.
Escribiré cuanto te adoro,
y que es en ti, que mi alma espera.

MI PRIMER VUELO

Hoy volé junto a las aves del cielo,
llevaba conmigo, sueños, anhelos y deseos.
Hoy volé junto a las nubes,
Y ellas volaron conmigo hasta donde pude.

Eran como algodones de azúcar,
las nubes que me dejaron cruzarlas.
Eran también frías como hielo.
Vi las estrellas y luceros,
y las ciudades grandes;
eran tan pequeñas que ocupan en la palma de mi mano.

Estando hasta arriba en el cielo, recordé aquel poema,
el primer poema que mi madre me enseñó a declamar;
aquel que hizo que hoy fuera mi sueño
ser poeta y hacerte suspirar.

Entre lágrimas y sonrisas,
grabé un audio para recordar
aquel día, cuando mi padre me elevó en sus brazos,
sintiendo aquel sereno y viendo hacia las estrellas y luceros.

Vi en el horizonte desaparecer el sol con una enorme
sonrisa,
estaba feliz, porque mañana iba a regresar.
Se ocultó entre las brisas de la noche,
y el avión empezó a bajar.

Pensé que era otra vez un sueño,
esos que tenía despierto,
pero era realidad,
porque en Houston estaba por aterrizar.

Lágrimas de felicidad y lágrimas de miedo,
Solían rodar del rostro del Poeta Tejutleco.
Nadie había creído en él, ni antes ni después,
pero él creyó que Dios lo iba a levantar.

Sus poemas cruzaron fronteras,
subieron hasta el cielo;
tocaron el corazón de las nubes,
y el corazón de la tierra.

Llenaron corazones vacíos,
los llenaron de esperanzas;
en algunos crecían espinos
y en otros añoranzas.

Nueva Esperanza suspiré,
mi suspiro el viento se lo pudo llevar;
aquel beso a los amores que dejé,
cuando a USA me vine a luchar.

Regresaré a tu lado princesa
No llores más, que éste poeta
Te ha amado ya.

¡Regresaré a tu lado princesa!
¡No te vayas de mi lado!
Está poesía no ha llegado,
pero yo el cielo he volado ya.

LA VI A ELLA

La vi allí durmiendo como reina,
pensé que era una princesa;
dormí a su lado mientras la abrace,
era ella belleza de los pies a la cabeza.

Susurre a su oído un te amo,
ella sonrió entre su sueño,
como quisiera ser tu dueño,
abrazarte y nunca soltarte de la mano.

Su sonrisa fue iluminada,
el tono de la luz era perfecto,
pensé: ¿será éste un cuento de hadas?
o ¿será éste un sueño despierto?

Quería estar con ella noche y día,
invitarla a caminar allá por las montañas.
Quería ser su amante y su alegría
y que despertara conmigo en las mañanas.

Quería que me acompañara en un amanecer,
pensé: "¿Cómo podría ésto suceder?
¿le escribo un poema en un atardecer?
¿o le canto una canción en un anochecer?"

Duerme vida mía, mientras velo por ti
que esta noche silenciosa,
no podría se mejor si tu no estas aquí.

Sonríe mientras duermes,
sabiendo que te amo.
Duerme tranquila en éste viernes,
mientras te tomo de la mano.

Sin querer mi alarma sonó una y otra vez,
no lo podía creer!
Quise seguir durmiendo para soñarte otra vez,
sin querer, mi alarma no quiso ceder.

Cuando desperté no estabas tú,
sólo estaba yo en mi habitación,
pero estabas en mi mente y corazón.
de pronto mi alarma sonó, era un Deja Vu.

SE BAÑARON

Se bañaron con la luz hermosa de la luna,
y se secaron con el abrigo de sus piel desnuda.
Él besó su boca como jamás besó a ninguna,
y ella se entregó y le dio su corazón que era su fortuna.

Se rodearon del viento en la montaña,
perdieron sus miedos bajando sus vestidos,
llenaron sus corazones vacíos,
y despertaron abrazados la siguiente mañana.

Él la rodeo con brazos temblorosos,
y ella dijo con la voz más hermosa del mundo:
"me gustan tus pensamientos asombrosos,
y tu corazón que lleva en éste amor sentimiento tan
profundo".

La Luna solamente sonreía al ver este par de enamorados,
y los imagino con una vida eterna,
despertando cada madrugada abrazados.

Esa noche con locura y pasión se amaron,
esas dos almas, que bajo la luna se abrazaron,
contaron estrellas y luceros,
y con las estrellas fugaces pidieron sus deseos,
y amor por siempre, abrazados prometieron.
Ella era Tejutla y él era San Marcos.

ERES BELLEZA

Porque eres belleza,
de los pies a la cabeza.
Eres lo que mi alma besa
y a quien a Dios por mi, le reza.

Eres perfecta a tu manera,
no necesitas hechicera,
para que por ti mi corazón se muera.

Eres belleza perfecta,
como el aroma de las flores,
Aún así cuando despiertas,
se forman en tu cielo nubes de colores.

Enamorado estoy del sabor de tus labios,
ya lo decía mi abuela y sus consejos sabios;
que te iba a encontrar perfecta
porque yo sería tu poeta.

¿Te viste hoy al espejo?
¿Viste tu dulce mirada?
Es la que recuerdo y no dejó,
De pensar en las tardes y en las madrugadas.

Suspiras bella mujer,
y el viento se lleva tus suspiros.
Ves el cielo y hasta donde puedes ver
Luna llena, te respiro.

NO SERÉ YO

No te bajaré las estrellas,
pero podría llevarte con mis caricias a tocar el cielo.

No te bajaré, ni la Luna, ni el sol ,
pero prometo darte luz y mi calor.

No te llevaré a Marte ni tampoco a Júpiter,
pero si prometo amarte y darte todo mi amor.

No seré el hombre más guapo del mundo,
pero soy aquel que no puede vivir
sin ti ni un segundo,
porque cada hora que pasa hoy.
Nos acerca más y más,
sólo depende de ambos querer luchar,

Y yo te voy a demostrar que te amo;
y que voy contigo hasta el final.

Si la vida me permite la oportunidad
de llevarte hasta el altar,
te juro que siempre te voy a amar,
te voy a respetar y te voy a valorar.

Porque no te comparas,
ni con el diamante más caro del mundo,
vales más que eso,
y te mando un rico beso a donde quiera que vayas.

Yo voy contigo en pensamiento
y no creas que no provoca sufrimiento,
pero la realidad es que sin ti, triste me siento.

Luna llena, luna bella, algún día
conmigo vas a estar.
Si hace cinco meses te deje,
no fue para olvidarte,
fue para darte una oportunidad de demostrarte
que soy el hombre que un día,
en medio de una oración pedías,

desde lo más profundo de tu corazón,
porque Dios sabía que había alguien
que esperaba a un corazón sincero,
y ese hombre era yo esperando por ti.

Demos esa oportunidad a nuestros corazones
y luchemos siempre para encontrar razones
y que en lugar de pelear juntos vamos a luchar,
Porque tu me amas y yo te amo de verdad.

MIKEYLA Y EMELYN

Ellas son como gemelas,
son las niñas más bellas.
No hay comparación, ni en la tierra,
tampoco en las estrellas.

Sus dulce voz hermosa,
son dos niñas muy traviesas,
a las que pertenece mi corazón de poeta,
y mi cabeza no deja de pensar en sus belleza.

Solían correr al escuchar,
el sonido de aquel dispositivo,
sabían que era su papá,
el que llamaba y quería hablarles al oído.

Ellas son mis princesas,
las amo y por ellas daría lo que fuera,
recorrer ésta esfera llamada tierra,
para abrazar mis hermosas estrellas.

PARA MI ABUELITO

Allá en una silla, con su rostro cansado,
ocultando en el fondo el agotamiento de los años,
ha pasado más de ochenta veranos,
recuerda muchas veces su pasado.

Quizá sean los últimos días de su vida,
se nota en él esa agonía que sufre su alma.
Las mañanas ya no son las mismas,
y las noches se pasan de volada.

Con aquella mirada pidiendo compasión,
Sabe su hora cada vez esta más cerca.
En su mente, recuerdos de aquella canción que escuchaba
cuando era niño o cuando era adolescente.

Recuerda sus manos rajadas de tanto trabajar,
sus pies descalzos al andar;
quizá se arrepienta de algo
o está feliz porque ya no sufrirá.

Allá en algún lugar del cielo,
alguien más lo espera,
quizá sea su madre o su papá,
su hijo que partió antes o alguien más.

Grita en el profundo de su alma por sus hijos,
pero ellos no lo pueden escuchar,
su voz poco a poco se entrecorta,
y así los nombres de ellos, su mente empieza a olvidar.

De la manera que ellos partieron,
quizá él también partirá,
ellos lloraran, pero que más da,
se fueron con la idea de un futuro para él y sus mamá.

Sentado aun en aquella silla,
lleno de recuerdos,
de días felices y noches grises,
de viejas cicatrices y orgulloso de sus raíces.

Con mano dura a sus hijos enseñó,
pero ellos lo odiaron en lugar de amar;
Era duro en su actuar pero en el fondo,
él sí los supo amar.

Quizá no espere a este poeta nieto suyo,
pero él se llena de orgullo al saber,
que cuando pudo hacer algo,
hizo este poema aunque sea hasta el final.

Han pasado los años en la espalda de mi abuelo,
ver sus nietos era su mayor anhelo.
Su nieto poeta y él era zapatero,
Espera su regalo, en la casa o en el cielo.

Se llama igual que su nieto,
decía que el chiquito mandaba al grandote,
hoy lo extraña con mucho sentimiento,
le manda desde el norte un sincero abrazote.

En su piel no caben más arrugas,
sus oídos cedieron y no quieren escuchar,
juro, que su nombre nunca he de olvidar.

Belisario Barrios

ESCRIBA UN POEMA

Piense en su abuelo, en su abuela, en su mamá, en su papá, en un hermano, en una hermana, en alguien que le inspire.

Ahora piense en un momento de su vida, alegre o triste.

Describa algún lugar que le inspire, por ejemplo una montaña, un volcán, un lago, etc.

Busque en su interior las palabras que describan los momentos, personas, etc, y en el espacio de abajo, intente escribir un poema.

por ejemplo:
Ella es mi madre, la que me ama,
la que amanecía conmigo en la cama,
cuando era un bebé,
en sus brazos me cargaba.

MI PRIMER POEMA:

_____

_____

_____

_____

_____

_____

_____

_____

_____

_____

_____

_____

_____

_____

_____

_____

_____

_____

_____

AGRADECIMIENTOS

Infinitamente a Dios, por haberme iluminado el pensamiento y por haberme permitido tantas horas de desvelo. Por permitir que todo lo que me ha sucedido en la vida, fue para irme enseñado poco a poco como poder enfrentarme a ella. Ahora sé que todo lo que sucede en la vida, es porque Dios así lo permite y que él me tiene preparado un futuro mejor.

A mis padres, Rodrigo Baltazar y Arminda Barrios. A mis abuelos, Nicolasa Ramírez, Belisario Barrios, Rubén Baltazar y Virginia Gómez (Q.E.P.D), ellos son el principal motivo de mi lucha diaria. Gracias porque sin ellos yo no fuera quien soy.

A mis hijas, Mikeyla y Emelyn Baltazar, que por razones ajenas a ellas y a mí, el destino nos terminó separando, pero nuestros corazones siguen unidos y la sangre conectada. A través de la luz de la luna nos podemos ver cara a cara. Ellas son mi razón de ser.

A mis hermanos Isabel, Roberto, Seleny, Kelly, Wendy, Andy y Nini Baltazar, por ser lo mejor. Así mismo, mis sobrinos y sobrinas, por estar siempre apoyándome.

A mis amigos y a todas aquellas personas incluyendo maestros, vecinos, compañeros, etc…, que me ayudaron un día a darme cuenta que no todo estaba perdido y que cada día había algo nuevo por aprender.

A usted, que está en la búsqueda o en el camino para cumplir sus sueños, siga adelante, usted puede. Nunca se detenga, aunque le digan que nunca los va a hacer realidad. Muchas veces las personas le dicen eso, porque ellos se sienten incapaces de lograr lo que usted lograría.

A Nueva Esperanza, Tejutla, San Marcos, Guatemala lugar bendito que me llenó de Inspiración y a Nebraska, Estados Unidos, por permitirme darme a conocer como escritor y poeta.

SOBRE EL AUTOR

Belisario J. Baltazar Barrios, nacido para el éxito en uno de los rincones más olvidados de Guatemala. Nació el día 31 de agosto de 1992 en aldea Nueva Esperanza, del municipio de Tejutla, del departamento de San Marcos. Lugar que un día le dio la inspiración para poder salir adelante y buscar una solución a todos sus problemas y que de allí se atrevió a sacrificar ciertas cosas, pero pudo encontrarse a sí mismo. Su nombre se le fue dado en honor a su abuelo Belisario Barrios.

Un hombre admirado y querido por muchas personas, siempre sencillo y humilde. Ganó el segundo lugar en declamación de poesía en el año 2,000. fue su inicio en la literatura. Escribió en el año dos mil diez un libro llamado "La Historia de un Poeta", autor de varios poemas inspirados en su natal Tejutla, el amor, su madre, su padre y alguna mujer que quiso con tanta locura y que supo sacar lo mejor de él, su inspiración.

En diciembre del año 2,018 publicó su primer libro en Estados Unidos llamado "La Idea de Soñar en Grande". Así mismo en abril del año 2,019 publicó su segundo libro llamado "Azares del Destino, La historia de un Poeta". En Julio del año 2,019 ganó el segundo lugar en un concurso de poesía organizado por la Casa de la Cultura Peruana en la Ciudad de Miami, FL. Se ha presentado como orador en varios eventos en los estados de California y Nebraska, de Estados Unidos. Su historia es una historia de éxito y superación.

Actualmente reside en el Estado de Nebraska, Estados Unidos de América, donde un día decidió dedicarse a escribir y a enfrentarse a lo que fuera con tal de cumplir sus sueños y sus anhelos que son convertirse en un escritor y poeta reconocido a nivel mundial. Es llamado así mismo BelitoB, en honor a su madre quien le llamaba Belito con cariño cuando era apenas un niño y B por su apellido Baltazar.

QUEREMOS ESCUCHARLE

Cuéntenos que le ha parecido el libro.

¿Le gustaría compartirlo con alguien más?

¿Le gustaría saber más del autor?

¿Preguntas o comentarios?

¿Buscando alguna idea de negocio o motivación?

¿Es dueño de algún negocio y le gustaría promocionarlo a través de redes sociales?

¿Le gustaría publicar su primer libro?

Todas esas preguntas, sugerencias, dudas o consultas que usted tiene, podríamos ayudarle. Contáctenos.

www.belisariobaltazar.com

www.ingramcontent.com/pod-product-compliance
Lightning Source LLC
Chambersburg PA
CBHW020918090426
42736CB00008B/692